AF341031

DISCOURS

PRONONCÉ

AU NOM DE SES PAROISSIENS RECONNAISSANTS

SUR LA TOMBE DE

M. ANDRÉ VERGEZ

Premier Curé-doyen de Sainte-Marie de La Bastide,

PAR

UN VIEL ENFANT DE LA PAROISSE

BORDEAUX

IMPRIMERIE GÉNÉRALE D'ÉMILE CRUGY

16, rue et hôtel Saint-Siméon, 16

1879

DISCOURS

SUR LA TOMBE DE

M. ANDRÉ VERGEZ

PREMIER CURÉ-DOYEN

de Sainte-Marie de La Bastide.

MESSIEURS,

Il y a un demi-siècle, jeune et exubérant d'énergie, un prêtre prenait possession de la cure de Cenon.

Il appartenait à une famille honorablement placée dans le commerce, jouissant à Bordeaux des meilleures relations. Il avait la figure qui plaît, la vivacité qui saisit l'occasion, la parole qui attire. En suivant l'impulsion de son père, il serait arrivé infailliblement, comme ses regrettés frères Adolphe et Hector, à une grande situation commerciale, au bien-être du luxe, à la considération publique.

André Vergez en avait décidé autrement, et les Vergez ont toujours su vouloir.

Richesses, plaisirs, honneurs, fumée ! vanité des vanités ! Il lui fallait des âmes à sauver, des misères à consoler, des parents à réconcilier. Il avait le cœur haut, et lui, l'homme modeste jusqu'à l'effacement, il osa, non sans tressaillir, non sans reculer, non sans se reprocher son indignité grande, il osa prétendre à l'honneur insigne du sacerdoce.

Parvenu là, il se trouvait dans son élément. Dieu lui avait donné la fortune ou à peu près, la fougue du caractère, la facilité de l'élocution, et avant tout et par-dessus tout, la foi qui transporte les montagnes.

C'était tout l'avoir du jeune lévite et vous savez, Messieurs, l'usage qu'il en a fait.

Sa fortune ! il lui était échu en partage une paroisse pauvre entre les plus pauvres, sorte de hameau d'abord, devenue bien vite petite ville ou plutôt faubourg. Hélas ! les besoins allaient toujours croissant en raison inverse des ressources. André Vergez donnait, donnait sans cesse ; il donnait ce qu'il avait, il quêtait pour donner encore ; il épuisait les provisions essentielles de la pauvre maison curiale et réduisait sa table et son vestiaire à la portion congrue, pour nourrir et vêtir les membres souffrants de Jésus-Christ.

Cet homme que nous pleurons, il aimait passionnément l'humanité, non de cet amour fait de verbiage qui s'apitoie en phrases et qu'on a décoré du nom prétentieux de philanthropie, mais de cet amour actif qui suit la pauvreté à la piste, qui la devine, qui la flaire, qui la soulage discrètement. Cet amour, Messieurs, quoi qu'on en dise, n'est connu que depuis dix-huit siècles et s'appelle la charité chrétienne.

Dans un milieu plus modeste, André Vergez était de grande race, il était du sang de ces cléricaux illustres, les Vincent de Paule, les Belzunce, les Sicard, les de l'Épée. C'était un admirable dissipateur ; il aurait épuisé la Providence, si la Providence n'était inépuisable !

D'un caractère ardent, impétueux, pour lui, la distance n'était rien, la fatigue peu de chose. Dans les premières années de son apostolat, il ne trouvait jamais de cheval assez ardent pour lui permettre de parcourir à son gré et à toute heure une immense commune.

Plus tard, devenu curé de La Bastide, c'était à pied par tous les temps, de jour comme de nuit, qu'il faisait ses tournées. Un désastre était-il signalé, André Vergez était toujours au premier rang.

Par trois fois, en 1832, en 1849, en 1854, le choléra sévit sur son troupeau et trouvant chez nous deux puissants auxiliaires, le dénûment et l'insalubrité, il moissonne de nombreuses victimes. Dans ces temps calamiteux, le curé, son devoir accompli, devenait garde-malade, se constituait infirmier, et plus d'un a dû son salut à cet ange

gardien qui faisait ainsi de gaîté de cœur, sim-
plement, noblement, le sacrifice de sa vie !

Après ce côté extérieur de sa vie pastorale,
muni de ce viatique de labeurs et de dévoûment,
il se rendait à son église et montait dans sa chaire
et là, je n'exagère pas, il se transfigurait.

Tantôt, dans une instruction familière, il relevait
paternellement, avec esprit, quelquefois même
avec une certaine malice, les petits travers et les
manquements de ses paroissiens, voire même de
ses paroissiennes ; tantôt, abordant les sublimes
vérités de la religion, grandi de son sujet dont il
se pénétrait, il se haussait dans sa petite taille,
son visage s'illuminait, le geste devenait énergique,
la voix vibrante, tour à tour menaçante ou émue ;
et sans chercher l'effet, sans choisir l'expression,
sans soigner les périodes, il arrivait à la véritable
éloquence, celle qui émeut, qui touche et qui
persuade. Son secret était de parler du cœur
pour arriver au cœur.

Et quel orateur infatigable ! à l'occasion des

premières communions, des processions, des grandes fêtes annuelles, à tous les offices il parlait et toujours avec la même véhémence, on peut dire jusqu'à ce qu'il lui fut impossible de se faire entendre.

A côté de cela, Messieurs, vous souvient-il de M. Vergez père de famille, connaissant et visitant tous ses paroissiens, sans distinction, accueilli partout à bras ouverts et payant partout l'hospitalité de son doux sourire, de son aimable causerie, d'un essaim d'anecdotes neuves et intéressantes.

Voilà bien l'homme, n'est-ce pas, Messieurs, l'homme que nos pleurs et nos regrets accompagnent. Cet homme n'était plus..... depuis bientôt dix ans.

Dieu n'a pas ménagé les épreuves à son serviteur. Soumis à une ébullition incessante, le cerveau s'était affaibli ; les forces physiques et morales l'abandonnent à la fois. Athlète vigoureux la veille, il se transformait rapidement en un vieillard cassé. Il ne pouvait plus remplir les fonctions sacrées de son ministère ; il le sentait ; sa volonté vaincue se brisait impuissante, et lui qui n'avait qu'un amour, son troupeau ; qu'un souci, sa paroisse ; qu'un désir, celui de mourir entouré de nous tous, ses enfants ; lui, esclave jusqu'au bout de sa conscience, signait avec ses larmes sa démission de curé inamovible, et peu après partait pour la terre d'exil où il s'est doucement endormi de son dernier sommeil...

Messieurs, grâce à l'initiative pieuse de son digne successeur, M. le curé Guicheteau, le vicaire des jours prospères et l'ami fidèle de la dernière heure, les cendres de notre père vénéré nous ont été restituées. Nous n'avons pas été privés de cette suprême consolation de lui rendre les devoirs funèbres dans cette église qu'il avait faite sienne.

Pour la dernière fois, M. le curé Vergez est sorti pastoralement de son presbytère, escorté de toute la population désolée, et il nous a été donné

de payer par nos prières et par notre recueille-
ment attendri, une parcelle de la dette de recon-
naissance que nous devons à cette grande mémoire.

Dieu juste! Dieu bon! Dieu clément! est-ce
trop présumer de votre miséricorde, de croire que
vous avez pesé d'une part la masse énorme de
bonnes œuvres de toute sorte qu'a prodiguées
cette chère âme, et d'autre part les quelques fai-
blesses inhérentes à la fragilité humaine, et que
d'emblée vous l'avez reçue dans votre sein.

Cette croyance m'est douce, je me rattache à
cette pensée consolante, et en présence de cette
auguste dépouille, je m'incline et je dis : André
Vergez, notre père, qui êtes aux cieux, priez pour
nous.

8 Juillet 1879.

J. CHABRELY.